GUÍA PRÁCTICA PARA HACER NEGOCIOS CON EMPRESAS MÁS GRANDES Y NO PERDER TU COMPAÑÍA EN EL PROCESO.

1

"Probablemente sabes que tú no eres el Goliat de la historia, ¡Afortunadamente!
Lo mejor es que si tienes en cuenta estas recomendaciones seguramente vas a conseguir el mismo resultado de la historia que todos conocemos".

INTRODUCCIÓN.

Esta guía rápida pretende darte herramientas basadas en hechos y experiencias reales, hechos que se desarrollaron en el ámbito empresarial y en negociación con un grande de la industria farmacéutica con presencia en la mayoría de los países de latino américa.

-Aló?

*Aló, Javier?

-Si, ¿Con quién tengo el gusto?

*Javier, te habla... Representante Legal de... Me gustaría hablar contigo, ¿es posible que vengas a mi oficina hoy sobre las 2:00 pm?

-Por supuesto.

*Gracias Javier, te espero.

Siempre me di a conocer en el mercado financiero por tener una alta capacidad de convocar clientes y en los últimos años por manejar equipos de alto impacto, situación que me motivó decir "SI" a la propuesta que ese día recibí.

Desde muy joven incluso desde cuando estaba en la secundaria tuve la oportunidad de ayudar en periodos de vacaciones a amigo y familiares en sus emprendimientos, curiosamente todos estaban dirigidos a algo que tuviera que ver con ventas o con relacionamiento personal.

Mi primer empleo formal fue con un laboratorio farmacéutico, era en área de producción y estuve allí por tres años, este primer empleo me dio la posibilidad de entender lo que significaba cumplir horario y tener un ingreso fijo, durante estos años lo desarrollé con mucho cariño y por mi compromiso tuve la oportunidad de crecer al interior de la compañía, sin embargo entendí que si realmente quería pensar en ascender debía esperar en la fila mientras los que estaban delante de mí iban dejando vacantes porque también fueran ascendidos o cambiaran de área. Fue un tiempo del que tengo buenos recuerdos, pero del que aprendí que ser ese tipo de empleos no me permitiría obtener las metas que quería conseguir.

Un día luego de pensarlo muy bien decidí presentar mi renuncia y buscar otra alternativa.

Después de presentar hojas de vida para conseguir un trabajo en otras compañías, empecé a relacionarme con empresas que me ofrecían oportunidades en temas relacionados con el área comercial. Un día tuve la oportunidad de vincularme con una compañía comercial que me permitiría empezar a buscar libertad financiera a través de desarrollar equipos de ventas que yo debía crear y dirigir.

Esta fue mi primera experiencia oficial manejando personas y dedicado a temas comerciales. Debo reconocer que los resultados esperados no fueron los esperados desde la perspectiva de generación de los ingresos que buscaba, sin embargo, si tuve la oportunidad de entender lo importante que era conformar equipos de trabajo que buscaran los mismos objetivos y empecé a entender los beneficios que se podían obtener en estos procesos.

Durante este tiempo tuve que dirigir capacitaciones, reuniones comerciales, invitaciones a participar en nuestro proyecto, buscar estrategias de ventas, inversionistas, etc. y a pesar de ser una persona joven y sin experiencia como lo era en ese momento el resultado final fue muy positivo, esto me motivó a querer desarrollarme en áreas comerciales donde no tendría la limitación de ingresos y además podía relacionarme con mucha gente, ganar su confianza y de paso obtener mejores ingresos.

Después de esto di un salto importante en mi desarrollo profesional me vinculé con compañías del sector financiero y durante muchos años hice parte del sector bancario, trabajé para los principales grupos financieros del país siempre en temas relacionados con la planeación financiera. Desarrollé herramientas comerciales que utilizaron fuerzas comerciales en todo el país y siempre me he mantenido muy actualizado con temas tributarios, impositivos, contables y por supuesto comerciales.

Durante muchos años me dediqué a asesorar clientes individuales y empresariales para la toma de decisiones en materia de inversiones, además conozco con detalle el sector asegurador.

Es increíble ver como la vida te va dando un sitio en ella y te ayuda a desarrollar tus talentos.

Tuve la oportunidad de vivir de primera mano la crisis de hipotecas suprime de 2008 y 2009, mientras participé de esta industria vi como la cuarta banca de inversión de E.E.U.U. iba a la bancarrota y como tuvo que ser rescatada la mayor aseguradora del mundo.

Después de esto aprendí que cuando se trata de inversiones nadie te puede decir que son muy grandes o que tiene mucha historia; todo tiene un factor de riesgo.

Desde hace unos años tuve la fortuna de ingresar a trabajar con una banca de inversión de E.E.U.U y conocer el mercado americano y por supuesto cómo funcionan las inversiones a nivel global, en conclusión, siempre he respirado mercado financiero y es mi gran pasión. Y como aprendí mucho de esta industria desde hace más de una década decidí dejar un empleo que me mantenía en una zona de confort y decidí salir a emprender.

En el año 2008 en Colombia se dio una ley que creaba una nueva forma de financiación para las compañías y que permitía a empresas privadas ingresar a este modelo y a competir guardando las proporciones con el sector financiero.

Desde el año 2009 se convirtió en mi nueva opción de hacer negocios y es algo que realizo con mucho éxito hasta el día de hoy a través de mi propia compañía.

Un muy buen día decidí que yo quería ser cabeza de ratón y no cola de león.

En ese momento empecé a emprender.

Por todas estas razones recibir esta llamada del laboratorio farmacéutico fue algo que, aunque me llamó la atención realmente estaba dentro de las posibilidades.

Sin embargo, el recibir esta propuesta implicaba un reto nuevo en mi vida profesional porque, aunque tenía capacidad demostrada trabajando con equipos comerciales, nunca hasta ese momento había sido responsable de administrar directamente una operación.

Después de un par de horas de reunión salí de esta compañía con el acuerdo para realizar un contrato millonario que pocos días después se materializó y que perdura hasta ahora, este se convirtió en mi objetivo empresarial desde ese momento.

Durante los siguientes años todo mi esfuerzo estuvo encaminado a hacer crecer mi compañía y la operación en general, inicialmente el equipo de trabajo era muy pequeño y estaba compuesto principalmente por un grupo de colegas algunos recién conocidos, sin embargo, como era de esperarse por nuestra historia anterior sabíamos que solo era cuestión de tiempo y trabajo para alcanzar las metas propuestas.

Durante el primer año se hicieron algunos negocios puntuales, nada realmente fantástico, creo que la razón era que por mantener otras actividades no le dimos la fuerza necesaria a esta oportunidad, sin embargo, nuestro Goliat estaba satisfecho con los resultados iniciales.

Cuando estábamos cerca de cumplir el primer año decidí concentrarme en este negocio y desde ese momento los resultados aumentaron de manera exponencial, pasamos de contar con un grupo pequeño de comerciales y sin un solo colaborador del equipo administrativo al punto actual que nos permite tener presencia en todo el país a través de agentes comerciales establecidos en las principales ciudades, un equipo administrativo encargado de diferentes áreas incluyendo departamento legal, marketing, analistas senior y junior y recursos humanos.

En general lo que necesitamos para cuidar todos nuestros procesos y por supuesto para seguir creciendo.

El volumen de ventas creció desde un primer negocio de USD 45.000 a una cifra cercana de USD 30.000.000, nuestra marca ha crecido y por supuesto toda la experiencia acumulada.

Hasta que un día…

-Aló?

*Aló Javier?

-Si con él, ¿con quién tengo el gusto?

Aquí estaba de nuevo… pero con otras condiciones.

Vaya sorpresa, una persona nueva en la compañía quería reunirse conmigo porque había algunos temas que quería revisar sobre nuestro negocio y que él quería entender.

Esta llamada termino en las dos siguientes semanas más agitadas e importantes en mi experiencia empresarial hasta ese momento, en un par de diferencias contractuales y lo más complicado en una deuda contraída por mi compañía sin saberlo cada vez que hacia un nuevo negocio.

Una diferencia que podría llegar a tener la capacidad de agitar el rumbo habitual de mi compañía.

Al inicio como a veces sucede, viví la etapa de la negación, por un momento me quedé sin aliento, se aceleró mi corazón, realmente ahí no entendía las razones por las que se habían presentado esas diferencias, si todo el proceso se certificó por ellos y por nosotros cómo me encontraba en esa situación.

Después pasé por la etapa del apocalipsis, donde creía que todo en mi mundo se podría acabar y por último llegué a la fase donde reconocí el valor que teníamos como compañía y nuestra capacidad para superar este obstáculo.

Fue un momento muy complicado porque no lo estaba esperando, porque estaba en medio de una serie de proyectos que sentí se podrían detener o hasta acabar sin haber visto su nacimiento, fueron unos días difíciles, llenos de mucha tensión, días en los que tuve muchos sentimientos encontrados y donde debía decidir sobre la marcha.

Días donde me vi revisando todo el proceso de nuevo con este gigante, pero esta vez en condiciones diferentes, tratando de mantener todo el trabajo hecho.

…Y de un momento a otro me encuentro negociando con un gigante al que decidí llamar GOLIAT, debo reconocer que este Goliat, a pesar de las diferencias fue muy amable y siempre tuvo la intención de solucionar.

Aunque, por otro lado, no importaba la amabilidad, el resultado era el mismo. Me encontraba en una situación de desventaja.

Pero a mi favor, tuve la mayor experiencia empresarial hasta ese momento y todo esto en solo dos semanas.

No te preocupes, después de muchas reuniones, preguntas y respuestas, llamadas, revisión de cifras y procesos logré tener el mejor acuerdo posible y con toda la experiencia alcanzada nuestro proceso empresarial se fortaleció aún más, esto nos sirvió a nivel corporativo y además en los nuevos negocios que estábamos desarrollando.

Esta experiencia la replico desde ese momento en cada uno de los proyectos propuestos y en todos los nuevos negocios que realizamos, se convirtió en un faro que nos permite revisar diferentes aspectos antes de tomar decisiones, fue una especie de doctorado rápido que solamente lo puede entender y aplicar quién lo vive.

Atendiendo todas las cosas nuevas que aprendí y entendiendo que era una situación que se le podía presentar a cualquier empresario o emprendedor, decidí recopilar una seria de aspectos que tal vez en el día a día, habían dejado de ser importantes para mi negocio y que si hubiera atendido con más detalle seguramente me había evitado esta situación, claramente preferiría que este aprendizaje se hubiera dado de otra manera, pero al final fue un aprendizaje que valió la pena.

¿A QUIÉN VA DIRIGIDA ESTA GUÍA?

A todos los emprendedores y pequeños empresarios que tienen una idea de negocio en etapa temprana de desarrollo y que quieren buscar sus sueños de libertad financiera entendiendo que es posible hacer dinero de manera creativa, desarrollando sus metas y sobre todo de manera legal.

A los emprendedores les diré que deben tener en cuenta para poner a rodar su idea de negocio, iniciando con la formalización de su compañía que pasa por un registro inicial en una entidad que para el caso de Colombia se llama Cámara de Comercio.

A los pequeños empresarios o mejor conocidos como mipyme que, aunque ya han surtido algunas etapas de formalización se encuentran aún en desarrollo y a quienes les recomiendo observar otras variables que les permita fortalecer sus procesos para mantener y consolidar sus compañías y que les permita prepararse para salir a negociar con Goliat.

A todos aquellos que por diferentes circunstancias no se han atrevido a emprender a pesar de contar con el talento necesario, a estos les invito a dejar de lado las limitaciones y temores porque si se animan a emprender después se darán cuenta que era la mejor decisión.

¿TIENES UNA PYME O UN EMPRENDIMIENTO?

En nuestro país puntualmente y en la región cerca del 80% del empleo y el 90% del sector productivo nacional es creado por el sector pyme.

¿El 80% y el 90% de qué?

Esto quiere decir que sin estas empresas ningún país de la región y esta tendencia es global podrían tener una capacidad económica real.

Y si esto es así, ¿por qué a nadie además de sus propietarios le interesa el apoyo a este sector?

¿Tienes una pyme? ¿Eres un emprendedor?

O tal vez tienes una idea de negocio, pero no los recursos para desarrollarlo.

¿Y qué tal si esta idea termina siendo la mejor oportunidad de tu vida?

¿Y si te llama algún Goliat y te dice que quiere trabajar contigo?

Seguramente motivado por la gran oportunidad estas dispuesto a dar todo por alcanzar tus sueños. ...Pero ¿Estás preparado para negociar con él?

¿Cuál es la mayor preocupación de las pymes?
La competitividad.

Las micro, pequeñas y medianas empresas en Colombia se echan al hombro el 35 % del PIB, representan el 80 % del empleo del país y el 90 % del sector productivo nacional, según el DANE. "En los países andinos este sector representa más del 94 % del universo empresarial, siendo el motor más importante de empleo", dice John Bliek, especialista en empresas cooperativas y desarrollo rural de la OIT para los países andinos. Así como en Colombia, en América Latina el principal aporte de las mipymes es generar empleo, mucho empleo.

CUIDA TU IDEA, PROTEGE TU NEGOCIO.

"Lo que te hace único, te hace fuerte".

¿Cuál es tu producto?

¿Qué beneficio genera?

¿Quién lo quiere comprar?

¿Qué haces mejor que tu competencia?

Siempre debes protegerte especialmente si tu propósito es único o novedoso, debes tener un registro de marca y de ser necesario una patente.

Implica una inversión inicial, pero te protege frente a alguien con más poder o dinero que quisiera robar tu modelo y dejarte por fuera del negocio.

Afortunadamente todos los países tienen una oficina de registro de marcas y patentes que te protegen, infórmate cómo funcionan, los procesos y los costos.

Normalmente no son tan costosos y te brindan una tranquilidad única.

Seguramente deberás acercarte a una superintendencia como sucede en Colombia, revisa los detalles en tu país y sigue los pasos correspondientes.

Definitivamente esta es tu primer gran inversión, ya que con un registro aprobado puedes estar tranquilo frente a terceros, los registros incluyen logos, slogan, software y todo lo que tu consideres que implica un desarrollo que debas proteger.

Si tu producto ya está en el mercado y lo que te diferencia son tus procesos o tu experiencia, certifica todo lo que puedas certificar. Un certificado puede marcar la diferencia y mejora la calidad de tu bien preciado.

Recuerda que un sello de calidad certifica que eres más competitivo, además a los Goliat les encanta todo aquello que les suena a sellos de calidad porque también los protege.

Existen diferentes compañías locales e internacionales especializadas en certificados de calidad, además después de obtener el certificado que deseas tendrás completamente claro que tus procesos cumplen con las expectativas tuyas, pero más importante con las expectativas de clientes y proveedores, por supuesto las de Goliat.

Si la diferencia son los costos, debes tener presente que tu producto debe tener la calidad que el mercado espera, de nada sirve algo barato y malo.

Este tipo de prácticas te puede dar un negocio, pero difícilmente un contrato y con el tiempo todos se encargarán de contarle a cuanto Goliat se les ocurra que tu servicio o producto es de mala calidad y hasta tendrán la oportunidad de tomar tu compañía como un mal referente.

Y si tú eres ese producto, debes invertir en el desarrollo de tu marca personal y esto debe incluir imagen personal, redes sociales, presencia permanente en medios y actividades probono, debes donar algo, todos podemos hacerlo y si definitivamente no tienes nada material todavía tienes algo que dar; tiempo y conocimientos.

Especialízate, de modo que todos entiendan en el mercado que tú eres referente en tu industria, razón que les indique que deben hacer negocios contigo.

Cuida tu entorno, tu comportamiento y por supuesto siempre debes procurar ser un buen referente para todos.

Cuidar tu producto significa conocer las oportunidades que éste te puede generar, pero mucho más importante es conocer los riesgos a los que te puedes enfrentar:

Riesgo país, riesgo de financiamiento, riesgo moral y riesgo de liquidez entre otros.

Riesgo país:

Se refiere a todos los cambios de políticas legales, financieras, impositivas que por decisión de un estado y después de un plumazo pueden cambiar las condiciones del mercado y hasta dar por terminado tu emprendimiento, este es uno de los riesgos más difíciles de administrar porque la decisión final no depende de ti.

Sin embargo, la historia de cada país te va contando que tan alto o no puede llegar a ser este riesgo, en la medida que te sea posible ingresa a mercados en países estables y con tradición de apoyo empresarial y mejor aún si tu emprendimiento o empresa puede estar diversificada en múltiples países.

Para mitigar este tipo de riesgo es importante conocer si existe una asociación, gremio o entidad que se especialice en actividades relacionadas con tu emprendimiento o modelo empresarial y que luche por los objetivos de sus asociados.

"la unión hace la fuerza". Si existe, revisa cómo puedes hacer parte de esta y cómo te pueden ayudar, además muchas de estas entidades apoyan con capacitaciones, realizan acompañamiento legal e incluso algunas ayudan con subvenciones o capital inicial.

Riesgo de Financiamiento:

Tiene tu compañía la oportunidad de financiarse de manera autónoma o requieres de financiamiento externo por ejemplo del sector financiero, cada forma de obtener esa financiación tiene aspectos positivos y otros no tanto.

El sector financiero es el ideal de muchas compañías, sin embargo, te implica cumplir con una serie de variables que ellos te exigen.

Por esta razón si este es uno de tus objetivos, desde que inicies tu emprendimiento debes preocuparte por mantener muy bien estructuradas tus políticas contables, de inversión y de crecimiento corporativo.

Si tú no te comportas como empresario desde el principio y das la impresión de ser débil, los bancos al igual que todo Goliat con el que quieras negociar te comerán vivo.

Además del tradicional sector financiero existe una herramienta muy útil y no tan aprovechada; se llama Factoring, te permite financiarte a corto plazo utilizando los estados financieros de Goliat, no los tuyos.

Pero si por alguna razón, tienes que apalancarte con recursos propios, define claramente que estás dispuesto a arriesgar y divide tu capital empresarial del personal, porque si por alguna razón tu emprendimiento o empresa no funcionan como esperas, deberás responder a Goliat y a sus asesores, especialmente los legales.

Riesgo Moral:

La gente hace negocios contigo porque creen que tú tienes la capacidad de responder, además presumen que tienes altos estándares éticos.

Eso se resumen en una frase conocida como riesgo moral, este riesgo abarca tu nombre, tus prácticas empresariales y la forma como garantizas que ni tus clientes, empleados o proveedores se verán inmersos en

34

situaciones que no quieren estar, mucho menos en temas legales y reputacionales.

El riesgo moral abarca procedimientos, atención a las normas, cuidado del medio ambiente, cumplimiento de los contratos, etc. "Dime con quién andas y te diré quién eres".

Muchas empresas se han quebrado por la mala gestión y muchas otras por la mala fe, al final, aunque el resultado es el mismo, si cierras por mala gestión o por falta de experiencia seguramente aprenderás y en tu siguiente emprendimiento no cometerás los mismos errores, bien es sabido en el mundo empresarial que quien entra en un proceso de quiebra o reestructuración es quién más aprende.

Pero, si tu compañía se acaba por mala fe o por falta de valores y principios seguramente nadie va a querer volver a hacer negocios contigo o por lo menos tendrás que cambiar de actividad o de ciudad.

La caja es el Rey:

Y es algo que debes cuidar de manera permanente como empresario, puedes tener toda la infraestructura que necesitas, pero si no tienes como cumplir con tus obligaciones, imagínate no tener con que pagar la nómina o los impuestos, peor aún el material que necesitas.

Seguramente nadie va a querer trabajar contigo o por lo menos hablaran mal de ti y de tus hábitos de pago. Esto te va cerrando opciones de financiamiento y hasta tus proveedores podrán exigirte un pago de contado.

Asimismo, cuida mucho tu capital propio y diferéncialo del capital de la compañía, que por ninguna razón la quiebra de tu empresa termine en la quiebra de tu familia.

Toma todas las precauciones que requieras para que las cuentas de tu compañía siempre estén al día, recuerda que por más costoso que te parezca al principio, llevar una buena contabilidad te sale más barato que verte inmerso en sanciones y multas o pasar por la negativa de bancos para apoyar tu empresa.

La recomendación específica en este caso es que antes de tomar una decisión revises el sistema impositivo de tu país, lo entiendas y descubras que tipo de normas te pueden beneficiar especialmente en una etapa temprana de tu modelo de negocio, si no tienes experiencia en esta área debes adquirirla te guste o no, de nuevo recurre a los gremios empresariales que te puedan ayudar especialmente las cámaras de comercio porque ellos brindan muchos cursos gratuitos relacionados con estos temas.

Ten presente que tu primer socio es la oficina de impuestos de tu país, ellos no te apoyan en tu emprendimiento, pero siempre estarán a tu lado para tomar su parte incluso antes que tú tomes la tuya.

Por último y no menos importante, cada vez que vayas a presentar tu proyecto ten presente que es necesario firmar entre las partes un acuerdo de confidencialidad (NDA), es un seguro al que siempre debes recurrir. También hay muchos modelos en línea.

¿SOLO O CON SOCIOS?

Felicitaciones, seguro tu idea de negocio o compañía está lo suficientemente protegida y ahora si puedes contarle a todos los Goliat que requieras qué es lo diferente de tu producto o servicio.

Ahora bien, la última recomendación para proteger tu marca se basa en que en cuanto te sea posible debes contratar un dominio para tu página web, sería muy frustrante que cuando quieras acceder al mundo virtual el nombre de tu empresa o marca ya no esté disponible en la red porque alguien más utiliza el nombre que habías pensado para tu dominio.

Recuerda que en muchos casos tu página web y redes sociales serán tu oficina y muchos clientes y posibles Goliat pueden llegar por estos medios, además después del Covid 19, numerosos compradores y vendedores migraron al mundo virtual.

Ahora sí, ¿Solo o con Socios?

¿Tienes el capital, la infraestructura y los contactos?

Si es así, probablemente sólo sería la mejor opción, en este caso lo que debes garantizar es rodearte de un equipo calificado, que aporte más desarrollo en tu empresa, recuerda que las personas inteligentes se rodean de otras personas más inteligentes.

Si puedes conformar un equipo de alto rendimiento, sin exponer la participación accionaria tendrás la opción de hacer crecer tu compañía manteniendo independencia y con un grupo adecuado que te brinde apoyo, seguro alcanzaras tus metas. Por favor nunca pagues lo mínimo que puedas pagar, así solo tendrás empleados que te acompañaran hasta que tengan una mejor propuesta, paga lo justo, motiva y empodera.

Permíteles conocer el negocio, sus objetivos, posibilidades de crecimiento personal y profesional, solamente cuando compartan tu pasión podrás decir que tienes un equipo y no solamente un grupo de personas que cumplen un horario y realizan cierta actividad.

Si definitivamente necesitas uno o varios socios, ten presente que hay muchas variables que debes atender:

¿Tienen la misma visión que tú tienes?

¿Es una idea o modelo de negocio que les apasiona? ¿o simplemente buscan obtener un retorno económico?

¿Qué aportan en el proceso? ¿Tienen ideas, capital, experiencia, contactos? ¿Tú los necesitas?

En fin, seleccionar un socio va desde cómo es tu relacionamiento con él, cómo se puede comportar si la compañía tiene éxito, pero lo más importante cómo lo hará si fracasan.

Un socio normalmente es como el matrimonio, termina siendo para toda la vida, en las buenas y en las malas.

Claro está, que existen los socios netamente capitalistas. A ellos regularmente solo les interesa el retorno final, por lo que debes dejar claro aspectos importantes como si ¿mantienes autonomía en el manejo de la compañía o las decisiones que tomes las debes consultar? o incluso, ¿ellos también asumen la capacidad de tomarlas?

Sin importar que decidas hacer, existe una serie de acuerdos que debes dejar completamente definidos cuando a socios te refieres, que seguramente necesitarás revisar con más detalle con tu abogado, por ahora te dejo algunos que considero importantes:

Acuerdo de entrada y de salida: Por más que creas que tu socio es el socio ideal y sea de tu entera confianza, debes dejar por escrito y firmado cuáles son los beneficios de su ingreso, que debe aportar, en qué forma y cuál es el tiempo para concretar sus ofrecimientos, inclusive que sucede si no se cumple con lo prometido. Por ejemplo; te asocias con alguien que te asegura ponerte en contacto con posibles compradores y pasan los días o meses y nunca sucede esto, puede ser que el problema no sea por falta de gestión, sin embargo, seguramente el resultado esperado no se dé.

Lo mismo aquel socio que se compromete a aportar en un desarrollo específico y nunca avanza o lo hace a paso muy lento, así como definiste que podrías ofrecerle por su apoyo también deben tener claro que sucede si esto no se materializa en resultados.

En el caso del socio capitalista, debes definir los plazos, el retorno que desea obtener y que sucede si tu compañía no puede alcanzar las utilidades esperadas, ¿respondes con tu compañía, con tu capital personal? ¿puedes renegociar?

Ten mucho cuidado, como dice el refrán "Cuando hay plata de por medio, no hay amigos". Y si tu socio es un Goliat seguramente no dudará en aplicar todas las cláusulas del contrato.

Debes garantizar un trato justo a la hora de salir, porque puedes estar firmando un acuerdo que haga que finalmente te conviertas junto con tu compañía en los nuevos empleados de Goliat.

Otro aspecto que debes definir claramente antes de firmar un acuerdo es tu rol en el proceso, ¿mantienes autonomía?, ¿requieres ceder participación accionaria?, ¿cómo la recuperas?, ¿tu nuevo socio tiene participación en la junta directiva?, ¿puede influir en aspectos laborales, legales, ajustar personal, sueldos, infraestructura?, ¿te puede despedir?

Todos estos detalles no son menores y pueden ser aspectos que olvides en medio de la emoción de realizar un nuevo negocio y que al pasar por alto se pueden convertir a la larga en motivadores de diferencias empresariales y hasta en dolores de cabeza. "Cuentas claras".

Mucha suerte con tu nuevo socio y recuerda: "Hasta que la muerte los separe".

Ahhh, por si te animas; investiga en tu ciudad y país que entidades pueden apoyar tu emprendimiento o empresa, algunas entidades públicas o privadas ofrecen prestamos condonables a cambio de generar empleo y cumplir algunas métricas establecidas.

AHORA DEBES FORMALIZAR TU NEGOCIO.

Ya tienes definidas algunas variables importantes para desarrollar tu idea de negocio, ya entiendes un poco más sobre los riesgos y como mitigarlos, así como ya sabes si tu emprendimiento lo realizas solo o con socios.

Sin embargo, todavía no has formalizado tu negocio y esto inicia con un acta de constitución que debes realizar para ser presentada en la respectiva Cámara de Comercio.

De manera preliminar debes definir el objeto social de tu compañía, tienes que definir claramente la(s) actividad(es) que quieres realizar, si para poder desarrollar algo particular debe quedar completamente definido en el objeto social debes ser muy cuidadoso con esto, porque, aunque

48

posteriormente lo puedas ajustar te puede implicar además de tiempo adicional un nuevo pago.

Tienes que definir un capital inicial y una permanencia determinada para tu compañía, esto en caso que sea un emprendimiento para un tema definido previamente y que sepas que después de eso no volverás a utilizar tu compañía, normalmente tu compañía no debería tener una fecha de cierre estimada y debería presentarse como indefinida.

Es necesario definir los socios de la compañía y sus representantes. Está bien tener un principal y un suplente cuando hablamos del representante legal, además si tienes un revisor fiscal lo puedes dejar inscrito de una vez y te evitas nuevos trámites.

Con esta información ya puedes iniciar el registro correspondiente y esto te dará como resultado un número de identificación tributaria que de aquí en adelante será la identificación legal de tu compañía y con esto puedes formalizar tu empresa ante la oficina de impuestos de tu país que desde ahora será socio cuando se trate de repartir las ganancias.

Si tu emprendimiento requiere algún registro adicional, es el momento de hacer esa tarea porque puede ser que sin este simplemente no puedas iniciar tu actividad o que si la inicies puedas ser sancionado o multado, eso podría ser el final de la empresa sin siquiera haber cubierto los gastos iniciales.

Una vez estés constituido como compañía debes tener la primera junta de socios donde definas plan de acción, responsabilidades y todo aquello que sea fundamental para tu compañía.

Debes tener presente que, si tu emprendimiento implica una página de comercio electrónico, este tipo de actividades también tienen una reglamentación especial que debes consultar con las autoridades correspondientes en tu país, normalmente debes registrarla también, así como registraste tu compañía.

Cuando cuentas con una página web y muy especialmente cuando sea una página de e-comerce debes garantizar que tus clientes cuenten con todos los protocolos de seguridad necesarios, debes adquirir previamente certificados de seguridad para realizar transacciones electrónicas en línea.

Parece que hasta aquí ya puedes salir a negociar; sin embargo, siempre debes revisar y ajustar.

Beneficios de la formalidad y riesgos de la informalidad. "CCB"

Evite los riesgos que le genera tener su negocio en la informalidad.

Beneficios de la formalidad:

Su empresa tiene un nombre único y protegido

Más posibilidades de crecer

Su negocio existe

Puede ser proveedor de otras empresas

Vende en otros mercados

Obtiene créditos más baratos

Recibe descuentos en los aportes parafiscales

Riesgos De la informalidad:

Bajo crecimiento de su negocio

Altas probabilidades de quiebra

Dificultades para obtener créditos

Menor productividad

Pérdida de negocios

Poca capacidad para competir en nuevos mercados

Limitado recurso humano

Mayores costos por accidente o enfermedad

Multas por el incumplimiento de las normas

Dificultades para asociarse con otras empresas

Mitos sobre la formalización empresarial

* He funcionado sin registro mercantil durante mucho tiempo y nadie me ha dicho nada. No sabía que el registro mercantil era obligatorio. FALSO

Es obligación de todo comerciante matricularse en el Registro Mercantil e inscribir en este todos los actos, libros y documentos respecto de los cuales la ley exija esa formalidad, entre otras.

*Me dijeron que con el RUT era suficiente.

Pregunté en la DIAN y me dijeron que después de los seis meses puedo registrar mi negocio. FALSO. La solicitud del Registro Único Tributario (RUT) es uno de los requisitos para inscribirse en el Registro Mercantil. Este trámite se debe realizar apenas inicie actividades.

https://www.ccb.org.co/Cree-su-empresa/Formalice-su-empresa/Beneficios-de-la-formalidad-y-riesgos-de-la-informalidad.

Por supuesto un aspecto muy importante al formalizar tu empresa es determinar el tipo societario que más te beneficie, esto lo puedes revisar con tu abogado.

¿TIENES EXCLUSIVIDAD O PUEDES NEGOCIAR CON OTROS GOLIAT?

Este es un aspecto muy importante porque seguramente en la medida que tu compañía crezca serás reconocido por otras empresas claro, incluyendo tu competencia y hasta puedes recibir propuestas de otros Goliat, por esta razón la primera recomendación es la de buscar que no exista ninguna exclusividad, normalmente Goliat te va a decir que él puede contratar con quien quiera, entonces lo justo es que tú también puedas tener la opción de venderle a otras compañías. Pero si definitivamente existe esta exclusividad trata por lo menos que sea recompensada con un mayor volumen de trabajo y/o un mejor pago a tus servicios, un mayor plazo en el contrato o cualquier otro valor que puedas obtener.

También puedes negociar que solo sea por un tiempo prudencial, uno o dos años máximo, esto te servirá para hacer crecer tu empresa y fortalecerla para nuevos retos.

Y cuando finalmente quieras presentar tu negocio a otros clientes y tienes una cláusula de salida anticipada define cuáles serán los costos de esa salida para definir si vale la pena cumplir con esa sanción, como sucede por ejemplo en la industria del futbol.

Recuerda que cuando no puedes negociar la exclusividad te vuelves empleado de Goliat y en muchos casos, sin un sueldo garantizado porque es él quien define normalmente cómo, cuándo y por qué utiliza tus servicios y mientras tanto tus costos y gastos fijos siguen estando ahí.

EL ARTE DE NEGOCIAR.

Perfecto, ya tu producto está protegido, tienes una buena opción y hasta un buen socio, recuerda que es posible que hasta aquí ni siquiera hayas salido al mercado a buscar opciones, o tal vez hayas visto algunas, pero menos probable es que hayas empezado a negociar con algún Goliat.

El arte de negociar es un tema que ha sido tenido en cuenta por muchos autores a través de la historia, puedes encontrar mucha literatura que te convertirá seguramente en el mejor, por ahora yo quiero hablarte desde mi experiencia empresarial.

- Se directo, franco y honesto. Negociar significa entender y ser entendido, cuando solo una parte gana, no es negociación es una imposición.

- Deja claro cuál es tu capacidad, que te hace mejor respecto a la competencia, quién en tu equipo marca la diferencia y por supuesto cuáles son las responsabilidades que puedes asumir y cumplir.
- Debes ser empático no simpático, espero entiendas la diferencia y si no, búscala en línea.
- Define claramente tus necesidades, costos, apoyo, tiempos y todas las variables importantes antes de asumir compromisos.
- Esfuérzate por entender a Goliat y lo que él espera de ti, deja completamente claro por qué quiere hacer negocios contigo, si desde el inicio sabes cuáles son sus expectativas será mucho más fácil que puedas atender los compromisos que asumes.

- Deja clara toda la metodología, los procesos, alcances y todas las variables necesarias. Que por ninguna razón creas que debes hacer unas cosas y Goliat espere otras diferentes.
- Ten atención especial al definir forma, modo, plazos de pagos. Preferiblemente que todo esto quede dentro del contrato base y de no ser posible que haga parte de un clausulado que se sume al contrato base.

No dejes nada al azar o a lo que creíste entender, lo que no está escrito y no hace parte del contrato o sus anexos simplemente será una anécdota y seguramente no te servirá de mucho si llegas a tener una diferencia contractual.

Si durante el desarrollo de tu contrato empiezas a recibir indicaciones diferentes a las estipuladas en el mismo, solicita un anexo por escrito con los cambios que Goliat quiere realizar.

Recuerda que todo lo que es verbal o informal solamente se respetará mientras el representante de Goliat que te dio esas indicaciones esté o decida respetarlas, pero si éste no está o cambia de parecer te puede generar grandes problemas, imagínate que por solicitud informal o por imposición verbal del representante de turno de Goliat hagas las cosas de una manera y llegue otro representante que pueda desconocer lo acordado y hasta pueda exigir el cumplimiento del contrato original. Esto puede fracturar tu relación e incluso impactar en el normal desarrollo de tu compañía, en sus ingresos o hasta en la continuidad de la misma.

Si tu producto implica la entrega de algo físico, define también de manera puntual cómo será la recepción del mismo, quién, cómo y cuándo lo recibirá. ¿Qué pasa si después de la entrega y por responsabilidad de Goliat algo se daña?, ¿cómo atiendes reclamos y garantías?

En general revisa todos los asuntos importantes de tu producto o servicio y trata de definir de la manera más clara todas esas variables para garantizar tu nuevo contrato millonario, pero ten algo muy presente: En ningún caso puedes permitir tampoco que se presente parálisis por análisis.

Saber negociar te puede llevar a alcanzar tus metas y a hacer crecer tu empresa o emprendimiento, pero por el contrario si simplemente aceptas todo lo que Goliat quiere puede llegar a ser contraproducente.

Ahh y siempre existe un espacio para renegociar, seguramente después Goliat te va a pedir renegociar las condiciones, a veces llega con la palabra "temporalmente". Ten presente que todo lo "temporal" se convierte en "permanente" o si no, pregúntale a la industria de hidrocarburos si pudo recuperar sus ingresos después de una reducción de los mismos de manera "temporal" sin olvidar los impuestos que nos prometen serán temporales.

Si Goliat te hace esta propuesta, antes de definir qué vas a hacer, revisa todos tus costos y procesos. Tal vez digas si porque pienses que es algo puntual y comprometas los ingresos de tu compañía.

SIEMPRE QUE TE SEA POSIBLE, ASESÓRATE DE LOS MEJORES.

¿Tienes una idea fabulosa? ¿tu producto es único?

No importa si estás iniciando o si eres empresario, está claro que tu propia experiencia y el olfato de negociador será importante, pero si a este talento le añades un buen abogado que certifique lo que haces y que como piensas actuar está orientado de la mejor manera posible.

A este abogado déjale los detalles que tu no tengas claros y también los que creas tener claros y por supuesto escucha todas sus recomendaciones, seguro las hace porque tiene razones suficientes. Al lado de este buen abogado debes tener un contador virtuoso, como recomendación uno que vaya más allá de firmar estados financieros e impuestos, uno que te dé recomendaciones para administrar mejor el área contable y financiera de tu compañía, siempre que te sea posible estas áreas déjalas en manos de compañías externas, te cobran más pero seguro cuentan con todo un equipo para asesorarte.

Seguramente cuando hablamos de un emprendimiento no tendrás el dinero suficiente para todo esto, pero para tu tranquilidad también existen entidades en tu ciudad o país como por ejemplo las cámaras de comercio y algunas asociaciones que te pueden ayudar con conocimiento gratuito y específico a través de seminarios, cursos en línea y otros.

Además, siempre queda buscar entre amigos y familiares a aquellos que tengan una formación específica y que te puedan asesorar, acuerda con ellos como les puedes pagar para que no termine siendo un favor que solo harán cuando no tengan nada más que hacer.

Muchos emprendimientos inician después de una reunión de un grupo de amigos con diversos talentos y esta es una opción válida si la sabes canalizar, aprende siempre a rodearte de los mejores. Y por supuesto siempre está la información en línea.

CUIDA TUS BUENAS PRÁCTICAS.

Cuando Goliat se fijó en ti, seguramente lo hizo porque vio que eras capaz de satisfacer una necesidad que él tenía.

Ten cuidado, porque de la misma manera que en ese momento ofrecías un buen producto, tus competidores harán todo lo que puedan para hacer negocios con tu Goliat, podrán ofrecer un producto más barato y hasta de mejor calidad.

Sin embargo, si tus procesos, tu producto en general y tus prácticas son siempre lo suficientemente robustas y cumples con tu promesa de valor, le será muy difícil a este Goliat dejar tus servicios de lado, es posible que hasta prefiera renegociar las condiciones establecidas antes de dejarte ir.

"Mas vale malo conocido que bueno por conocer". Recuerda esa palabra: "renegociar".

Incluso en el caso que esa sea la postura, no importa; tu seguirás siendo la primera opción, recuerda que para Goliat su nombre y reputación está por encima de cualquier descuento que logre obtener y si siempre has cumplido, tienes poder de negociación.

Por esta y muchas otras razones cada día debes preocuparte por mejorar y en lo posible certificar tus procesos, invertir en tu personal y en tu equipo, mejorar tu infraestructura y por supuesto tu relación con clientes y proveedores.

De ninguna manera se te ocurra reducir la calidad de tus productos así tus competidores lo hagan, seguramente Goliat se puede ver tentado a un precio más barato, pero cuando se dé cuenta que está exponiendo su propio nombre seguro te preferirá por encima de tu competencia.

La mejor práctica empresarial es cuidar tu nombre y tu reputación, debes cumplir siempre lo que prometes incluso y mucho más importante cuando las cosas vayan mal.

Tus clientes, proveedores y equipo deben certificar que eres una persona honorable y que cuando decidan hacer negocios contigo van a encontrar lo que creían encontrar en ti.

Y si por alguna razón se generó una diferencia sin que haya sido tu intención debes dejar claro que no tuviste ninguna mala fe a pesar de que se pudiera cometer un error, Goliat confió en ti y eso debes agradecer.

En conclusión, las buenas prácticas empresariales, operativas, administrativas hablan de ti y de tú compañía, pero nada hablará mejor que tu propio comportamiento.

Tú eres el mejor representante de tu emprendimiento o empresa y entre mejor seas, mayor posibilidad de éxito tendrás y no solamente hablando desde el punto de vista económico, que al final de todo termina siendo lo menos importante, cuando cumples tu palabra y te esfuerzas en tus propósitos el dinero llegará por añadidura y además con la satisfacción de levantarte cada mañana no ha trabajar sino a cumplir tus sueños.

Si tu producto tiene relación con alimentos, bebidas o medicamentos debes observar con especial atención las normas vigentes.

Pero si para cumplir con tu compromiso debes utilizar equipo técnico o una máquina especializada mantenla en perfecto estado, recuerda que muchas veces sale más barato invertir en un equipo nuevo que estar haciendo mantenimiento permanente, si no cuentas con recursos siempre te queda la opción de un leasing.

¿QUÉ NO DEBES HACER BAJO NINGUNA CIRCUNSTANCIA?

- Incumplir tu palabra.
- Generar expectativas de algo que no puedas realizar, no quiero decir que dejes de ponerte retos, de innovar, pero como al final se trata de un negocio, es importante que Goliat sepa exactamente que puede esperar de ti y es mejor que cuando puedas, lo sorprendas con algo nuevo. Eso seguramente te lo va a agradecer.
- Limitarte en tus procesos, bajar la calidad y mucho menos tratar de engañar a Goliat. Recuerda que tus principios no son negociables, no busques atajos por tu conveniencia y como recordatorio por si te ves tentado. Recuerda que Goliat tiene un equipo legal muy fuerte y te puede llevar a tus límites.

- Hacer un negocio que no entiendas solo por pensar en una recompensa económica, no te dejes llevar por la emoción y te comprometas con cosas ajenas a tus conocimientos, seguramente con un poco más de tiempo lo podrás entender y será un nuevo reto.
- Ten cuidado de que el desviarte de tu campo de acción se convierta en el fin de tu emprendimiento o empresa por no conocer los riesgos asociados.

Si se te presenta una oportunidad que no buscabas o que no conoces busca personas con más experiencia y conocimientos que te puedan ayudar a entenderla y que te ayuden a determinar qué tan probable es cumplir con este nuevo reto.

- Dejar conceptos claves sin resolver, si tu producto o servicio tiene uno o más aspectos relevantes, háblalos de manera directa con Goliat y déjalos completamente definidos.

Hay aspectos que no puedes dejar simplemente a interpretaciones y que deben ser discutidos ampliamente y plasmados por escrito.

- Terminar tu relación con Goliat de manera intempestiva.

Debes dejar definido en tu contrato como se da la terminación de tu contrato, primando el acuerdo entre las dos partes.

Además, casi todos los contratos tienen definido la terminación unilateral, procura que sea con un espacio de tiempo adecuado que no te lleve a sorpresas como que acabas de comprar una nueva máquina para mejorar la prestación de tu contrato y que debes pagar durante los siguientes meses y Goliat no piensa continuar con la relación empresarial.

Si has hecho bien las cosas seguramente tu relación con Goliat será muy positiva y el grado de confianza te permitirá hacer preguntas claves antes de invertir grandes cantidades de dinero, para cumplir de mejor manera tu contrato, si lo tienes en cuenta antes de tomar decisiones seguramente él te lo agradecerá.

De igual manera es muy importante la forma como te relacionas con tus proveedores y equipo de ventas, especialmente si este último solo trabaja por contrato de servicios.

En el caso de los proveedores en la medida que vayas haciendo negocios con ellos y vayan certificando tus hábitos de pago y seriedad puedes buscar mayores plazos para el pago de tus facturas y hasta descuentos de mayoristas.

Debes tener completamente claro cuál es el alcance de este tipo de relaciones y que impacto generan en tu modelo de negocio, no puede ser posible que mantengas una excelente relación con Goliat y se vea afectada por el incumplimiento de un tercero, llámese proveedor o cualquier otro que haga parte de tu modelo de negocio, en estos casos también es necesario dejar acuerdos escritos con ellos y que como lo vimos anteriormente abarquen la mayoría de variables importantes para tu empresa.

Supe de un par de casos de compañías que se vieron en dificultades, a pesar de hacer bien su trabajo por el incumplimiento de un tercero.

Otra cosa importante es siempre estar actualizado, no solo en tu modelo de negocio, un empresario exitoso tiene conocimientos contables, legales, administrativos.

Es una persona que entiende a los demás, que siempre está dispuesto a mejorar y que sobre todo cumple con su palabra.

Estas son las personas de las que escuchas historias sobresalientes, los que comparten sus conocimientos y de los que esperas algún día ser como ellos.

Emprender especialmente en países latinos puede ser una tarea que requiera de mucho esfuerzo, pero tenemos una gran ventaja y es que somos luchadores y muy creativos.

No importa cuál sea tu objetivo, prepárate y decide emprender, seguramente los resultados serán positivos y si no lo fueran tanto, vas a tener más experiencia que muchas de las personas que te rodean.

Busca siempre información en línea, ahí está todo lo que necesitas desde cómo entender unos estados financieros hasta consejos muy útiles antes de tu primera entrevista.

Recuerda que en la historia original David derrotó a Goliat y esto no fue por casualidad, David se preparó durante años incluso sin saber que se podría presentar en el futuro, él sabía que tenía un objetivo superior y siempre dedicó su tiempo y esfuerzos para ser mejor que el día anterior.

Dicho todo esto, muchos éxitos con tus procesos de negociación con Goliat, tal vez la primera vez te puedas sentir intimidado, pero entre más y más conozcas, menos temor y mayor posibilidad de conseguir tus objetivos.

Recuerda que, si un Goliat te dice no, van a haber muchos más en el camino dispuestos a decirte sí.

Y cuando te vuelvas un experto negociando con ellos, comparte tus conocimientos, seguro alguien te lo va a agradecer.

Finalmente, mi negociación con Goliat fue exitosa, asumí nuevos retos y obtuve un gran aprendizaje, además en el proceso de negociación pude certificar otros años más de contrato que garantizaron nuevos ingresos y continuidad en el negocio, eso sin contar con que terminamos un par de emprendimientos de los que seguramente llegarás a escuchar.

Éxitos con tu empresa o emprendimiento, espero algún día saber que esta guía fue importante en los primeros pasos de tu objetivo empresarial. Y siempre que puedas reinvierte en tu proyecto empresarial, diversifica y especialízate.

CUADERNO DE TAREAS.

El siguiente cuaderno de tareas te servirá de guía para controlar el paso a paso desde la formulación de tu idea de negocios hasta que logres tu primer contrato con Goliat.

PASO	TUS NOTAS	✓
Idea de negocio definida.		
Revisión de entorno legal (País).		
¿Solo o con Socios?		

(Define fortalezas y debilidades).		
Formalizar tu negocio. *Registro *Formalización tributaria. * Otro aspecto relevante.		
Acompañamiento Legal. *Abogado.		
Patente.		
Registro de marca.		
Certificado de		

Calidad. ¿Qué te hace diferente?		
Acompañamiento Contable. *Contador		
¿Tienes un Goliat visto? ¿O debes revisar a quién le deseas vender? *Enuméralos.		
¿Cuentas con la maquinaria que requieres?		

Incluye equipos de cómputo, software necesario, etc.		
¿Tienes presencia en redes sociales? Enuméralas. Define tu presencia de más importante a menos importante. ¿Ya tienes tu página web? ¿Cuenta tu página con los protocolos de seguridad		

necesarios? Relaciónalos.		
¿Requieres formación especializada? Haz un plan de acción para definir como obtienes esa formación.		
Evalúa periódicamente el desarrollo de tu compañía, realiza los ajustes que requieras y sobre		

todo sigue buscando nuevos compradores.		
Revisa si puedes ampliar tu oferta de servicios. Normalmente de tu idea principal se derivan otras secundarias.		

SOBRE EL AUTOR.

Javier Escandón

Socio principal y Director General de VSF Factor Banca de Inversión, experto en operaciones de Factoring.

Emprendedor y empresario con trayectoria de más de 25 años en el mercado financiero local e internacional.

Experto en temas financieros, tributarios y contables.

Como director general de VSF Factor Banca de Inversión pertenece a Asofactoring – Asociación Colombiana de Empresas de Factoring y Afines.

Escritor y motivador personal. Creador de estrategias empresariales de alto impacto.